AF357873

EDICT DV ROY

POVR LA CREATION

DES OFFICES DE RECEVEVRS
& Controolleurs Particuliers & Prouinciaux des Decimes : Auec les gages & droicts d'iceux.

Publié en Parlement, le dix-huittiéme
iour de Mars, mil six cents vingt-deux.

A PARIS,

Par ANTOINE ESTIENE, Imprimeur
ordinaire du Roy, ruë S. Iacques,
à l'Oliuier de Rob. Estiene.

M. DC. XXII.

EDICT DV ROY, POVR
la creation des Offices de Receueurs & Controolleurs particuliers & Prouinciaux des Decimes : Auec les gages & droicts d'iceux.

OVIS PAR LA GRACE DE DIEV ROY DE FRANCE ET DE NAVARRE, à tous presents & à venir, Salut. Chacun sçait assés à quel poinct les desordres & mouuements passez ont reduit l'estat de nos affaires, & que pour satisfaire aux excessiues despenses que nous auons supportées pour les pacifier, nous auons épuisé les fonds ordinaires de nos Finances, employé toute sorte de moyens extraordinaires, & emprunté de grādes sómes de deniers: Et comme nous croiyons auoir rangé nos subiets en leur deuoir, & les faire iouïr d'vn asseuré repos, aucuns d'iceux au lieu de nous rendre l'obeissance qui nous est deuë, se sont assemblez sans nostre permission, ont occupé nos villes, les ont fortifiées & armées contre nous, & disposé des Gouuernements d'icelles, leué des gens de guerre de toutes parts, & attaqué nos places à force ouuerte, pris de nos deniers, & nosdits subiects prisonniers: N'ayants rien oublié à fai-

A ij

re de ce qui pouuoit attirer sur eux l'ire de Dieu & nostre indignation : Ce qui nous auroit contraint pour reprimer leur rebellion & insolence, de mettre sur pied plusieurs armées, tant par mer que par terre : Lesquelles ont esté iusques à present si heureusement exploictées, que nous esperons que Dieu benissant le progrez de nos armées, en fera reussir le succez à sa gloire & au repos de ce Royaume : Mais la despense desdittes armées ayant esté si grande qu'elle auroit presque consommé tout le fonds que nous y auions destiné, & estant besoin d'y pouruoir pour l'aduenir, afin que les gens de guerre dont elles sont composées, viuants auec ordre & discipline, nosdits subiects n'en soient point opprimez, ne le pouuant faire sans quelque nouueau & extraordinaire secours : Nous aurions deputé aucuns de nostre Conseil vers les sieurs du Clergé de nostre Royaume, assemblez par nostre permission en nostre ville de Poictiers, & depuis en celle de Bourdeaux, pour leur representer la necessité de nos affaires, & les conuier de nous assister en vne occasion si importante, en laquelle ils ont autant & plus d'interest qu'aucuns de nos autres subiects. A quoy ils auroient tesmoigné tant de zele & d'affection, qu'ils auroient non seulement receu les demandes que nous leur auons fait faire : mais enuoyé vers nous des principaux de leur assemblée, par lesquels ils nous auroient librement offert de faire vn fonds par chacun an, tant sur les Decimes ordinaires, que par nouuelles impositions sur eux, iusques à la

somme de trois cens trois mil soixante quatre
liures, outre & par dessus ce qui se paye annuellement pour les rentes constituées aux Preuost
des Marchands & Escheuins de nostre bonne
ville de Paris : Pour les vendre, engager ou les
affecter pour les gages & taxations de certains
Offices, de la creation desquels nous puissions
tirer vne notable somme de deniers. Pour à
quoy paruenir, nous ayant esté representé que
le feu Roy Henry I I I. par ses Edicts du mois
de Feurier 1588. verifiez en nostre Court de Parlement de Paris : Auroit en pareille occasion
creé & erigé des Offices de Receueurs particuliers Alternatifs & des Controolleurs anciës &
Alternatifs des Decimes en chacun Diocese de
ce Royaume, qui n'auroient pas esté establis à
cause des troubles qui seroient depuis suruenus
nus ; N o v s auons estimé que nous ne pou-
uions en celle qui se presente, mieux employer
ce fonds, que de l'affecter pour les gages &
taxations desdits Offices, & des Receueurs Generaux Prouinciaux Alternatifs, & de deux Có-
troolleurs Generaux Prouinciaux anciens &
Alternatifs desdites Decimes en chacune des
dix sept Generalitez, où il sont establis : par la
creation desquels nous puissions estre promp-
ptement secourus des deniers qui en prouien-
dront : estans asseurez que l'establissement desdits Offices apportera vn meilleur ordre à l'a-
uenir pour le recouurement & distribution des
deniers desdites Decimes, & payemét desdittes
rentes :

S c a v o i r   f a i s o n s   qu'apres auoit fait

mettre cét affaire en deliberation en noftre
Confeil, où eftoient aucuns Princes, Officiers
de noftre Couronne, & autres Grands & No-
tables perfonnages : DE L'ADVIS D'ICE-
LVY, & de noftre certaine fcience, pleine puif-
fance & authorité Royale : Nous auons par ceftuy noftre prefent Edict, perpetuel & irreuo-
cable, creé, erigé & eftably, creons, erigeons
& eftabliffons en chef & titres d'Offices formez & hereditaires, vn Receueur General Prouincial Alternatif, & deux Controolleurs Generaux Prouinciaux Anciens & Alternatifs des
Decimes & fubuentions du Clergé en chacune
des dix fept Generalitez de ce Royaume, où il y
en a de prefent d'eftablis, & vn Receueur par-
ticulier Alternatif, enfemble deux Controolleurs particuliers defdites Decimes, Ancien &
Alternatif, en chacun des Diocefes de noftre
dit Royaume. Comme auffi nous auons par ce
dit prefent Edict creé, erigé & eftably, creons,
erigeons & eftabliffons en chef & titres d'Offices formez & hereditaires deux Receueurs, &
deux Controolleurs particuliers defdites Decimes, Anciés & Alternatifs, en chacun des Diocefes dependâts de noftre Royaume de Nauarre, Souueraineté de Bearn, & païs de Breffe,
Beugey, Valromey & Gez à prefents reünis à
noftre Couronne, lefquels Diocefes refforti-
ront d'orefnauant : fçauoir ceux de Nauarre &
de Bearn en la Generalité de Bourdeaux, & ceux
de noftredit païs de Breffe, Beugey, Valromey &
Gez, en la generalité de Dijon, pour aufdits Offices eftre d'orefnauant par nous & nos fuccef-

feurs pourueu en heredité de perfonnes fuffi-
fantes & capables, fur les quittáces de nos amez
& feaux Maiftres Claude Blondeau noftre
Confeiller & Aumofnier ordinaire, Abbé d'O-
rigny ; & Pierre Peyriffac, Chanoine & Souf-
Doyé de l'Eglife Metropolitaine de Bourdeaux,
Agens Generaux dudit Clergé : ceux qui leur
fuccederont ou autres qui feront deputez par
lefdits du Clergé en leur lieu & places : lefquel-
les quittances à cette fin nous auons validees
& authorifees, validons & authorifons aux gages, taxations, functions & droits cy-apres de-
clarez. C'eft à fçauoir lefdits Receueurs Generaux Prouinciaux Alternatifs, à pareils gages par
chacun an & taxations, tant en exercice que
hors iceluy, dont iouïffent à prefent les Anciens
pourueuz defdittes charges, de tous les deniers
de leur maniement, tant des Decimes ordinaires que extraordinaires, & qui leur ont efté at-
tribuez par l'Edict de leur creation du mois de
Septembre 1594. qui font pour celuy de la Generalité de Paris, dixhuict cens liures de gages,
& deux deniers pour liure de taxations des deniers de fa recepte. Celuy de la Generalité de
Champagne, douze cens liures de gages, & trois
deniers pour liure des deniers de faditte recepte. Celuy d'Amiens, neuf cens liures de gages,
& trois deniers pour liure des deniers de fa recepte. Celuy de Roüen, quinze cens liures de
gages, & trois deniers pour liure des deniers de
fa recepte. Celuy de Caen, mil liures de gages,
& quatre deniers pour liure des deniers de fa
recepte. Celuy de Tours, quinze cens liures de

gages, & quatre deniers pour liure des deniers de sa recepte. Celuy de Bretaigne, quinze cens liures de gages, & cinq deniers pour liure des deniers de sa recepte. Celuy de Bourges, quinze cens liures de gages, & quatre deniers pour liure des deniers de sa recepte. Celuy de Poictiers, dixhuict cens liures de gages, & cinq deniers pour liure des deniers de sa recepte. Celuy de Riom, quinze cens liures de gages, & six deniers pour liure des deniers de sa recepte. Celuy de Dijon, douze cens liures de gages, & six deniers pour liure des deniers de sa recepte. Celuy de Lyon, douze cens liures de gages, & six deniers pour liure des deniers de sa recepte. Celuy de Tholouse, deux mil quatre cens liures de gages, & six deniers pour liure des deniers de sa recepte. Celuy de Bourdeaux, deux mil quatre cens liures de gages, & six deniers pour liure des deniers de sa recepte. Celuy de Montpellier, quinze cens liures de gages, & six deniers pour liure des deniers de sa recepte. Celuy de Prouence, douze cens liures de gages, & six deniers pour liure des deniers de sa recepte. Celuy de Grenoble, douze cens liures de gages, & six deniers pour liure des deniers de sa recepte. Moyennant lesquels gages & taxations, tant ordinaires que extraordinaires, que nous auons ordónées & ordonnós ausdits Receüeurs Generaux Prouinciaux Alternatifs, qu'ils retiendront par leurs mains des deniers de leur maniement en l'année de leur exercice, & leur seront payez par leurs compagnons d'Offices hors d'iceluy, Ils seront tenus faire la recepte de

tous

tous les deniers des Decimes & subuentions ordinaires & extraordinaires, qui leur seront por-
tées ou enuoyées par les Receueurs particuliers
des Dioceses, selõ les estats qui leur serõt baillez
par le Receueur general d'iceluy Clergé: auquel
ils fourniront à leurs despens lesdits deniers
aux termes ordinaires en nostredite ville de
Paris, & luy en rendront compte comme de
Clerc à Maistre : Mesme luy enuoyeront de
terme en terme, & d'année en année, estats
signez de leur main, de leur recepte & despense, luy respondrõt, & donneront aduis du faict
de leurs charges : Pour en rendre raison par ledit Receueur general du Clergé, soit à nous, à
nostre Conseil, ou ausdits du Clergé ; ainsi qu'il
est accoustumé: Presteront le serment, & seront
receuz par ledit Receueur general du Clergé
en l'exercice de leurs Offices : auquel ils rap-
porteront acte valable des cautiõs qu'ils seront
tenus bailler & presenter par deuant nos amez
& feaux Cõseillers, les Presidẽts & Thresoriers
Generaux de France en chacune desdites Generalitez, iusques à la somme de six mil liures cha-
cun:Pour ledit acte estre, auec leurs prouisions,
enregistré par ledit Receueur general, afin d'y
auoit recours quand besoin sera,pour la seureté
des deniers dudit Clergé: & en ce faisant ledit
Receueur general leur deliurera son attache,
& consentement pour l'exercice de leurs charges. Et quant aux Controolleurs generaux,
Prouinciaux desdites Decimes, Ancien & Alternatif, ils exerceront leurs charges chacun en
son année, aux gages : A sçauoir ceux de la Ge-

neralité de Paris , de seize cents liures chacun:
Ceux de la Generalité de Champaigne , d'vnze
cents liures chacun : Ceux d'Amyens , de huict
cents liures chacun : Ceux de Roüen , treize
cents liures chacun : Ceux de Caen, huict cents
liures chacun : Ceux de Tours , treize cents
liures chacun : Ceux de Bretaigne , treize cents
liures chacun : Ceux de Bourges , treize cents
liures chacun : Ceux de Poictiers , seize cents
liures chacun : Ceux de Ryom , de treize cents
liures chacun : Ceux de Dijon, vnze cents liures
chacun: Ceux de Lyon, mil quatre-vingts liures
chacun: Ceux de Tholouse, deux mil cent liures
chacun: Ceux de Bourdeaux, deux mil cent liures
chacun : Ceux de Montpellier , de treize cents
liures chacun : Ceux de Prouence, de mil liures
chacun : Et ceux de Grenoble, de mil liures chacun. Et ioüiront aussi lesdits Controolleurs par
chacū an, tant en exercice que hors d'iceluy , de
deux deniers pour liure chacun de tous les deniers desdites Decimes, tant ordinaires qu'extraordinaires , qui seront leuez en l'estenduë de
la Generalité où ils seront establis : Desquels
gages & taxations, tant ordinaires qu'extraordinaires, lesdits Controolleurs seront payez par
chacun an par celuy desdits Receueurs Generaux Prouinciaux, qui sera en chargè, de six en
six mois , sur leurs simples quittances , à peine
d'y estré lesdits Receueurs contrainchts par les
voyes ordinaires & accoustumées en tel cas.
Controolleront & parapheront lesdits Controolleurs , ou feront controoller & parapher par leurs Commis sans autre salaire

que leurſdits gages & taxations, les quittances
qui ſeront deliurées par leſdits Receueurs Prouinciaux aux Receueurs particuliers deſdits
Dioceſes depédants de la generalité où ils ſerõt
eſtablis : Et feront mettre les deniers de la recepte Prouinciale dans vn coffre, qui demeure-
ra en la poſſeſſion du Receueur Prouincial qui
ſera en exercice, dont ils auront vne clef, ſans
que leſdits deniers en puiſſent eſtre tirez, pour
les porter à la recepte generale dudit Clergé, ny
ailleurs, ſinon en la preſence de celuy deſdits
Controolleurs, qui ſera en charge, qui en para-
phera les bordereaux. Et pour le regard des
Receueurs particuliers Alternatifs deſdites Decimes en chacun Dioceſe ; meſmes ceux qui ſeront eſtablis en noſtredit Royaume de Nauarre, & Souueraineté de Bearn : & en noſtredit
païs de Breſſe, Beugey, Valromey, & Gez, ioüiront ainſi que les anciés Receueurs particuliers
de dixhuict deniers pour liure, pour tous gages
& taxations, à prendre ſur les deniers des decimes ordinaires qui ſe leueront en leur Dioceſe,
& de ſix deniers pour liure de tous autres deniers extraordinaires qui ſeront leuez ſur ledit
Dioceſe, tant durãt l'année de leur exercice que
hors d'icelle, conformémét à l'Edict de la creation deſdits Anciens de l'année 1573. leſquels
gages & taxations ſeront pris & retenus par celuy deſdits Receueurs qui ſera en charge, &
payez à ſon compagnon d'Office ſur ſes ſimples
quittãces aux termes accouſtumez: ainſi que les
prennét & reçoiuent leſdits anciens pourueuz:
Feront leſdits Receueurs chacun en ſon année,

la recepte de tous les deniers qui se leueront sur
ledit Clergé és dioceses, où ils seront respectiue-
ment establis suiuant le departement qui leur
sera baillé, & feront porter lesdits deniers à
leurs despens aux termes accoustumez, en la
ville où est establie la recepte generalle du res-
sort de leur diocese és mains du Receueur general, prouincial d'icelle, qui sera en exercice,
sans qu'ils soient tenus en compter ailleurs que
pardeuant les Archeuesques, Euesques dioce-
sains, leurs grands Vicaires & deputez de leurs
dioceses : Presteront le serment deu à cause de
leurs Offices, & bailleront caution de pareille
somme que les Anciens, pardeuant nosdits amez
& feaux les Tresoriers de France en chacune
Generalité, sans que ledit Clergé soit tenu de
leur insuffisance. Et quant aux Controolleurs
particuliers desdites decimes, anciens & alternatifs en chacun diocese, aussi creez par ledit
present Edict; mesmes ceux qui seront establis
en nostredit Royaume de Nauarre, Souueraineté de Bearn, pays de Bresse, Beugey, Valromey & Gez, iouïront par chacun an de neuf deniers pour liure, chacun pour tous gages &
taxations des deniers ordinaires qui se leueront
en l'estenduë de leur diocese, & trois deniers
pour liure aussi, chacun de toutes autres subuentions & deniers extraordinaires qui seront
leuez sur ledit diocese, qu'ils perceuront, tant
en l'année d'exercice que hors d'icelle, & en
feront payez par les Receueurs particuliers des
dioceses, où ils seront establis de six en six mois
sur leurs simples quittances, controolleront &

parapheront aussi lesdits Controolleurs particuliers, ou feront controoller & parapher par
leurs Commis, sans autre salaire, les quittances
qui seront distribuées aux Beneficiers de chacun diocese où ils seront establis: & feront mettre aussi les deniers de ladite recepte, dans vn
coffre, qui sera en la possession du Receueur,
dont ils auront vne des clefs, & n'en pourront
estre tirez sinon de leur consentement, dont ils
parapheront les bordereaux. Pourront aussi
pour le soulagement desdits Beneficiers assister
aux Baux à ferme de leurs biens saisis, & aux
redditions des comptes des Commissaires qui
seront establis au regime d'iceux, & aux taxes
de leurs vacations, & des courses des Sergents,
sans pour ce pretendre aucune taxation ny salaire. Seront receus & feront le serment à cause
de leurs Offices, par deuant les Tresoriers de
France de chacune Generalité, auparauant que
d'entrer en charge. Les gages & taxations
de tous lesquels Offices seront pris sur les deniers desdites receptes generalles & particulie-
res, tant du fonds desdites Decimes ordinaires,
que de nouuelle imposition, & payez à ceux
qui en seront pourueus, à commencer du iour
& datte de la quittance de finance qu'ils auront
payé pour lesdits Offices, sans diminution de
ce qui se paye annuellement pour les rentes
constituées ausdits Preuost des Marchands &
Escheuins de nostre ville de Paris: Pour en iouïr
par lesdits pourueus, leurs successeurs & ayants
cause audit tiltre d'heredité, comme de leur
propre chose, vray & loyal acquest: & en dispo-

ser au profit de perfonnes fuffifátes & capables
aufdits gages & taxations, & aux honneurs,
authoritez, prerogatiues, preeminences, fran-
chifes, libertez, priuileges & exemptions, tels
& femblables dót ioüiffent nos Officiers de pareille qualité, fans qu'il y puiffe eftre cy-aprés
pourueu que fur leur nomination, ou de leur-
dit fucceffeur & ayáts caufe : Et fans auffi qu'ils
foient tenus de payer aucû droiĉt de refignatiō
ny marc d'or : Defquels Offices ils ne pour-
rôt eftre depoffedez en quelque forte & manie-
re que ce foit, finon en les rembourçant aĉtuel-
lement cóptant, & à vn feul payemét, tant de ladite fináce qu'ils auront payée pour lefdits Offices, & des gages & taxatiós qui leur feront lors
deus & efcheuz, de leurs frais & loyaux coufts,
que de ce qui pourroit eftre deu aufdits Receueurs par lefdits du Clergé par les eftats finaux
de leurs cóptes. Demeureront toutesfois lefdits
Offices de Receueurs Prouinciaux & particuliers fpeciallement affeĉtez, obligez & hypoté-
quez aux debets de leurfdits comptes : Pour
eftre en ce cas lefdits Offices vendus par les for-
mes ordinaires, & les deniers en prouenans em-
ployez par preference à l'acquit defdits debets,
& le furplus au profit de leurfdits Receueurs,
ou de leurs ayants caufe. SI DONNONS EN
MANDEMENT à nos amez & feaulx Confeil-
lers les gens tenant noftre Cour de Parlement à
Paris, que ceftuy noftre prefent Ediĉt ils facent
lire, publier & enregiftrer : & du contenu en
iceluy ioüir & vfer les pourueus defdits Offices
& leurs fucceffeurs, & ayants caufe, hereditaires

ment, à touſiours, pleinement & paiſiblement,
ceſſant & faiſant ceſſer tous troubles & em-
peſchements au contraire : C A R tel eſt noſtre
plaiſir. Et afin que ce ſoit choſe durable, ferme
& ſtable à touſiours, nous auons faict mettre
noſtre ſeel à ceſdites preſentes, Sauf en autre
choſe noſtre droict, & l'autruy en toutes.
D O N N E' à Bourdeaux, au mois de Decembre,
l'an de grace mil ſix cents vingt-vn, Et de
noſtre regne le douziéme.

Signé,   L O V I S,

Et ſur le reply,   Par le Roy,

DE LOMENIE.

A coſté,   Viſa.

Et ſeellé du grand Seau de cire verte.

*LEVES, publiées & regiſtrées, Oy &
ce conſentant le Procureur General. A Paris
en Parlement, le Roy y ſeant, le dix-huictiéme
iour de Mars, mil ſix cents vingt-deux.*

Signé   Dv T I L L E T.

Collationné à l'Original, par moy Conſeil-
ler, Notaire & Secretaire du Roy.

Arrest du Conseil d'Estat, pour l'expedition
des quittances de finance.

SVR ce qui a esté remóstré au Roy en son Conseil par les Cardinaux, Archeuesques & Euesques qui se trouuent de present en ceste ville, d Paris, & suitte de sa Majesté, Qu'ils sont aduerti que par l'Edict nagueres presenté au Parlement pour la creatió des Offices de Receueurs & Controolleurs Particuliers & Prouinciaux des Decimes, en consequéce du contract faict à Bourdeaux auec ledit Clergé, le deuxiéme Octobre dernier ; il est entre autres choses porté que leurs Agents Generaux seront obligez d'en signer les quittáces de finance : Ce qui ne pourroit estre qu'à la diminution de la dignité de leur Ordre, & côtre l'intentió & clauses expresses dudit contract, pour plusieurs considerations plus amplement desduites de leur part par les Sieurs Archeuesque de Roüé & Euesque d'Angers, à ce deputez, pour lesquelles ils ont requis qu'il pleust à sa Majesté descharger lesdits Agents de la signature desdites quittances : Ioint que pour les precedentes creations de semblables Offices les Receueurs Generaux dudit Clergé, Marcel & Castilles pere & fils, en ont donné les quittáces chacun aū temps de sa charge : LE ROY EN SON CONSEIL ayant esgard à ladite remonstrance & supplication desdits Prelats, a deschargé & descharge lesdits Agents de la signature desdites quittances, Veut & ordonne qu'elles soient signées par le Receueur General du Clergé qui est à present en charge, ainsi qu'il est accoustumé. FAICT au Conseil d'Estat du Roy tenu à Paris, le 19. de Mars 1622.

Signé,   DEGVENEGAVD.

Collationné.